Das alles kannst du selber machen:

Mandeltaler	Seite 4
Haferkugeln	Seite 6
Süße Teilchen	Seite 8
Mailänderli	Seite 12
Wespennester	Seite 14
Vanillekekse	Seite 16
Kroko, Geist und Zuckerguss	Seite 18
Schokobär	Seite 20
Allerlei Tiere	Seite 22
Brezeln und Kümmelstangen	Seite 24
Kleine Kuchen	Seite 26
Schokobrot	Seite 28
Feine Nussplätzchen	Seite 30

Backtips

■ Backzeiten sind nur ungefähre Angaben. Gebäck brennt schnell an: lieber öfter nachgucken!
■ Backpapier ist praktisch. Es lässt sich bis zu fünfmal verwenden. Die Kekse lassen sich leicht lösen, das Blech bleibt sauber und du sparst das Einfetten.
■ Vorheizen des Backofens ist nicht nötig. Das Blech schiebst du in den kalten Backofen auf die dritte Schiene von unten (Backofenmitte).
■ Das Gebäck legst du zum Auskühlen mit dem Pfannenwender auf den Kuchenrost. So bleibt es knusprig.
■ Noch besser schmeckt Gebäck, wenn du es mit frisch gemahlenem Weizen gebacken hast.

Mandeltaler

Die knusprigen Mandeltaler sind leicht und schnell zu backen. Noch besser schmecken sie mit frisch gemahlenem Weizenvollkornmehl.

Achtung: Der Teig muss nach dem Kneten für 30 Minuten in den Kühlschrank.

Tipp: Die Taler auf dem Rost abkühlen lassen und in einer Blechdose aufbewahren.

Dünn, knusprig-knackend

- 70 g süße Mandeln
- 200 g Weizenvollkornmehl (frisch gemahlen oder: Weizenmehl Typ 1050 aus dem Reformhaus)
- 150 g Zucker
- 1 großes Ei
- 70 g Margarine oder Butter
- 1 Kaffeelöffel Zimt
- Backpapier (oder Fett fürs Blech)

Haferkugeln

Den Teig für diese kleinen, sättigenden Kugeln hast du schnell und einfach gerührt.

Achtung: Der Teig muss nach dem Rühren 30 Minuten ruhen, damit er quellen kann.

Tipp: Dieses Gebäck schmeckt frisch am besten. Es lässt sich nicht lange aufbewahren.

Außen knusprig, innen weich...

1/2 Becher Mandeln
5 Esslöffel ungeschwefelte Korinthen
2 Becher grobe Haferflocken
1 Becher Kokosraspeln
1 Becher Milch oder Wasser
1 Esslöffel Honig
Backpapier oder Fett fürs Blech

Süße Teilchen

Diesen geschmeidigen Teig kannst du sehr dünn ausrollen und lecker füllen: mit Fruchtstückchen, Marmelade und Mus, mit Nüssen und Rosinen. Du kannst das heiße Gebäck mit Marmelade oder Zuckerguss bestreichen. Auf den Seiten 10 und 11 findest du die Rezepte für zwei Füllungen.

Tipp: Frisch essen oder einfrieren.

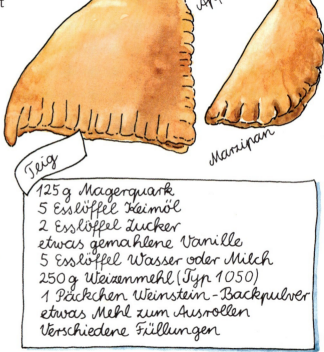

Apfel

Marzipan

Teig

125 g Magerquark
5 Esslöffel Keimöl
2 Esslöffel Zucker
etwas gemahlene Vanille
5 Esslöffel Wasser oder Milch
250 g Weizenmehl (Typ 1050)
1 Päckchen Weinstein-Backpulver
etwas Mehl zum Ausrollen
Verschiedene Füllungen

mit Marzipan

40 g Rohmarzipan
5 Aprikosenhälften (Dose)
(oder 10 getrocknete Pflaumen ohne Stein)
ein paar Mandeln oder Haselnüsse

für 20 Stück

1. Früchte und Mandeln klein schneiden: In 4 Stücke
2. Füllen: Frucht, Marzipan, Mandeln
Marzipan einteilen: 20 Stücke

Süßer Guss

2 Esslöffel Aprikosenmarmelade glatt rühren oder Zuckerguss herstellen:

8 Esslöffel Puderzucker
3 Esslöffel Wasser

Verrühren

Das heiße Gebäck damit bestreichen.

3. Zuklappen

Ränder mit der Gabel zudrücken, Taschen aufs Blech legen…

4. Backen wie die Apfeltaschen!

Hellbraun und gar ist das Gebäck nach 15–20 Minuten.

Süße Teilchen

Mailänderli

Ein feiner Vollkornkeks. Er passt in jede Jahreszeit. Du kannst ihn mit dem Teigrädchen ausradeln, Herzen, Pilze, Sternschnuppen ausstechen oder Figuren ausschneiden (wie auf den Seiten 18, 19, 22 und 23).

Achtung: Der Teig muss ein bis zwei Stunden ruhen!

Tipp: Vor dem Backen Schokoblättchen darauf legen oder mit verdünntem Eigelb bestreichen und mit Mandelblättchen bestreuen.

2 Eigelb
250 g Weizenvollkornmehl, frisch gemahlen (oder Typ 1050 Reformhaus)
125 g Margarine (oder Butter)
125 g flüssiger Honig = 5 Esslöffel
etwas Mehl zum Ausrollen
Zum Bestreichen: 1 Eigelb + 1 Teelöffel Wasser, Mandelblättchen

Eier trennen
1. Einen Spalt schlagen
2. Vorsichtig auseinander brechen, Daumen an Daumen
3. Eigelb hin und her kippen,
4. bis das Eiweiß herausgeflossen ist.
Eigelb
Eiweiß
Eiweiß zugedeckt kühl stellen!

Mailänderli

13

Wespennester

Hier kannst du das übrig gebliebene Eiweiß von Seite 12 verwenden! Die süßen Makronen sind außen knusprig und innen weich. Statt Zitronat kannst du klein geschnittene Datteln oder Orangeat nehmen. Den Kakao kannst du auch weglassen.

Tipp: Eiweiß wird garantiert fest, wenn du es vor dem Schlagen zugedeckt kalt stellst. Schneebesen und Schüssel müssen fettfrei und trocken sein.

... mit Backoblaten

2 Eiweiß
180 g feiner Zucker
etwas gemahlene Vanille
180 g Mandeln
50 g Zitronat
2 gestrichene Esslöffel Kakao
20 Backoblaten (Durchmesser 50 mm)

– etwa 20 Stück –

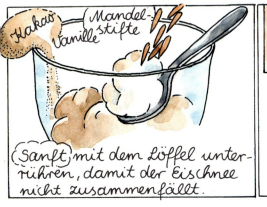

Für die Feste im Jahr kannst du aus diesem Knetteig passende Figuren backen, wie Glückspilze für Geburtstage, Gespenster zum Fasching, Hasen und Küken zu Ostern. Figuren zum Abpausen und Rezepte fürs Bemalen findest du auf den nächsten Seiten.

Tipp: Bröckelt der Teig, knetest du ihn noch einmal kurz durch. Klebt der Teig beim Ausrollen, stellst du ihn kurz kühl. Nur kleine Portionen ausrollen!

Achtung: Der Teig muss mindestens eine Stunde im Kühlschrank ruhen.

Vanillekekse

200 g weiche Butter oder Margarine
125 g Zucker
1 Ei
1 Teelöffel gemahlene Vanille
400 g Weizenmehl Typ 1050
etwas Mehl zum Ausrollen
Backpapier oder Fett fürs Blech
zum Bestreichen: 1 Eigelb + 1 Teelöffel Wasser (→ Nr. 4) Pistazien, Hagelzucker ...

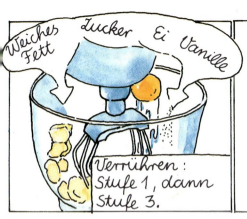

Vanillekekse

Abpausen: Du brauchst Butterbrotpapier, 1 weichen Bleistift, 1 Stück stabiles Papier.

1. Du legst das Butterbrotpapier auf die Figur und zeichnest die äußeren Linien nach.

2. Die Zeichnung legst du auf das stabile Papier und zeichnest die Linien kräftig nach: Die Figur ist jetzt seitenverkehrt abgedruckt, und du kannst sie ausschneiden (= Schablone).

3. Die Schablone legst du auf den ausgerollten Teig und schneidest mit einem spitzen Messer die Figur aus. Du löst die Figur vorsichtig mit dem Pfannenwender von der Arbeitsfläche und legst sie auf das Blech.

Weißer Zuckerguss
Das ungeschlagene Eiweiß und den Puderzucker verrührst du mit den Quirlen des Handrührers (Schneebesen): 1 Eiweiß, 180 g Puderzucker.

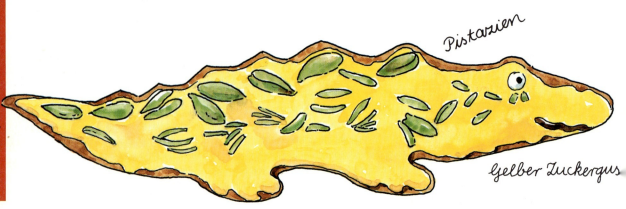

Pistazien

Gelber Zuckerguss

Rosa Zuckerguss

Den weißen Guss färbst du mit Lebensmittelfarben oder dem Saft von roten Früchten und Gemüsen. Du reibst z. B. rote Bete, drückst mit dem Löffel den Brei zusammen und entnimmst den Saft.

Gelber Zuckerguss

Du löst 2 Messerspitzen Safran in 1 Esslöffel heißem Wasser auf, siebst 150 g Puderzucker darüber und gibst nach und nach 2 Esslöffel Wasser dazu, bis ein streichfähiger Guss entsteht.

Schokoladenguss

Im Wasserbad bei kleiner Hitze
1. Schüsselchen in wenig heißes Wasser stellen,
2. Kuvertürestücke darin schmelzen.

Aufpassen: Kuvertüre wird klumpig, wenn Wasser hineinspritzt!

Zahnstocher
Kuvertüre
Weißer Zuckerguss

Gebäck aus diesem Teig gelingt gut, und es schmeckt köstlich mit etwas Marzipan darauf.

Achtung: Vor dem Ausrollen legst du den Teig für mindestens eine Stunde in den Kühlschrank.

Tipp: Teigreste kannst du in Folie eingeschlagen bis zu 14 Tage im Kühlschrank aufbewahren.
Auf den nächsten Seiten sind weitere Vorschläge.

... mit Marzipan

Schokobär

25 Stück

100 g Haselnüsse
200 g Weizenmehl Typ 1050
3 gestrichene Esslöffel Kakao
75 g Butter oder Margarine
100 g Zucker
1 Messerspitze Hirschhornsalz
8 Esslöffel Milch (75 ccm)
etwas Mehl zum Ausrollen
etwas Rohmarzipan zum Verzieren

Haselnüsse klein mahlen

gemahlene Nüsse, Mehl, Kakao, Margarine, Zucker, Hirschhornsalz, Milch

Alle Zutaten durchrühren: Stufe 1-2 etwa 2 Minuten

...mit den Händen verkneten.

1 Stunde oder über Nacht kühl stellen. (Einpacken!)

Kleine Portionen ausrollen, vorher kurz kneten.

½ cm dick

Arbeitsfläche und Teigrolle ein wenig mit Mehl bestäuben.

Figuren ausstechen (Backförmchen) oder ausschneiden (mit Schablonen). Vorsichtig ablösen, aufs Blech legen und verzieren.

Augen, Nase, Mund... formen, festdrücken und backen!

Backofen auf 175 Grad / Gas Stufe 2 schalten, auf der mittleren Schiene 15 Minuten backen (Weitere Bleche nur 12 Min.!)

Schokobär

Hier einige Vorschläge für Keksschablonen. Sicher hast du noch viele eigene Ideen. (Abpausen und Zuckergussrezepte auf den Seiten 18 und 19.)

Allerlei Tiere

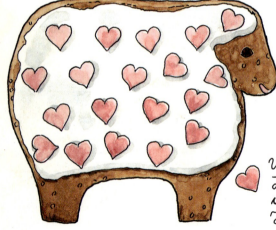

Weißer Zuckerguss und Herzen

Weißer Zuckerguss

Zuckerperlen

Gelber Zuckerguss

Zum Abpausen

Ausstecher mit Marzipan

Augen, Nase aus Marzipan

Kuvertüre
Rosa Zuckerguss

Tipp: Rolle nur eine kleine Menge Teig auf wenig Mehl aus, damit er schokoladenbraun bleibt. Ist der Teig spröde, knetest du ihn noch einmal. Die ausgeschnittenen Figuren löst du mit dem Pfannenwender vorsichtig von der Arbeitsfläche und legst sie auf das Blech.

Allerlei Tiere

Brezeln und Kümmelstangen

Es macht Spaß, dieses knusprige Knabbergebäck herzustellen. Mit Mohn, Sesam oder Salz bestreut, ist es besonders lecker!

Achtung: 30 Minuten im Kühlschrank ruhen lassen.

Tipp: Wenn du keine Getreidemühle hast, bekommst du frisch gemahlenen Weizen im Reformhaus oder im Bioladen.

Knusprige Brezeln oder Stangen mit Kümmel, Mohn oder Salz ...

250 g Weizenvollkornmehl, frisch und fein gemahlen)
120 g Butter oder harte Margarine
1 flach gestrichener Teelöffel Salz
6 Esslöffel Milch
Zum Bestreichen: 1 Eigelb und
1 Teelöffel Wasser sowie Kümmel

Kleine Kuchen

Dieser Teig ist schnell gerührt und in 30 Minuten gebacken! Du kannst ihn vor dem Backen dekorieren und die Geschmacksrichtung verändern, z. B. mit Obststückchen. Oder du bestreichst ihn nach dem Backen mit Schokoladenguss.

Schokoladenblättchen
Orangeat
Mandelstücke
Korinthen

300 g Weizenmehl (Typ 1050) oder frisch gemahlener Weizen
1 Teelöffel Weinstein-Backpulver
2 Eier
75 g Zucker
1 Messerspitze gemahlene Vanille
1 Becher süße Sahne (200 g)
Papierförmchen (gibt's im Kaufhaus)

Schokobrot

Zu meinem Lieblingsgebäck zählt auch dieses süße Schokobrot. Ich backe es immer in der kühleren Jahreszeit.

Tipp: Du kannst es auf Vorrat backen und in einer Blechdose aufbewahren.

... abgekühlt in Scheiben schneiden

100 g Blockschokolade
3 Eier
200 g Zucker
175 g Haselnüsse (gemahlen)
75 g Weinbeeren (= Rosinen)
300 g Weizenmehl Typ 1050 oder frisch gemahlen
1/2 Teelöffel Weinstein-Backpulver
Guss: 75 g Puderzucker
1–2 Esslöffel Zitronensaft

Schokobrot

Feine Nussplätzchen

Den Teig rührst du aus gehackten Cashewkernen, frisch gemahlenem Weizenkornmehl, Margarine und Honig.

Tipp: Honig kannst du leichter abmessen, wenn du den Löffel vorher mit Öl bepinselst. Die Plätzchen lässt du auf dem Kuchenrost abkühlen. Du kannst sie in einer Blechdose aufheben.

...mit Marmelade

Cashewnüsse

24 Stück

100 g Cashewnussbruch
80 g Margarine
100 g flüssiger Honig (4 Esslöffel)
200 g Weizenvollkornmehl, frisch gemahlen (oder Typ 1050)
1/2 Teelöffel gemahlene Vanille
1 Teelöffel getrocknete Zitronenschale (oder frisch gerieben)
1 Esslöffel rote Marmelade (Gelee)
Backpapier oder Fett fürs Blech